NEO BOOKS

1000+ Must Know Words In Bambara

Illustrated Kirundi - English Dictionary

Moussa Traoré

SIGINI- ALPHABETS

Aa Bb Cc Dd Ee Ɛɛ Ff Gg Hh Ii Jj Kk kh Ll
Mm Nn -n Ɲɲ Ŋŋ Oo Ɔɔ Pp Rr Ss sh Tt Uu
Ww Yy Zz

N'KO ߒߞߏ - ALPHABET

VOWELS

ߊ	ߋ	ߌ	ߍ	ߎ	ߏ	ߐ
a	e	i	ɛ	u	o	ɔ

PAIRED CONSONANTS

ߚ	ߙ	ߗ	ߖ	ߕ	ߔ	ߓ
ra	da	ca	ja	ta	pa	ba

ߡ	ߟ	ߞ	ߝ	ߜ	ߛ	ߚ
ma	la	ka	fa	gba	sa	rra

ߢ	ߦ	ߥ	ߤ	ߣ	ߢ
n'	ya	wa	ha	na	nya

TONE MARKS

1. Long falling ˆ
2. Long rising "
3. Long low "
4. Long high "
5. Short rising
6. Short low "
7. Short High "

NUMERALS & PUNCTUATIONS

1 ١	߁	ߞߋߟߋ߲
2 ٢	߂	ߝߌߟߊ
3 ٣	߃	ߛߊߓߊ
4 ٤	߄	ߣߊߣߌ
5 ٥	߅	ߛߎߟߎ
6 ٦	߆	ߥߐߙߐ
7 ٧	߇	ߥߐߙߐߥߟߊ
8 ٨	߈	ߛߋߌߘߌ
9 ٩	߉	ߞߐߣߐߣߕߐ

& - Asterisk

ǂ - Exclamation MARK

ː - Comma

- **Writing direction** is right to left in horizontal lines
- **Diacritics placed below a vowel indicate nasalisation**
- **Diacritics placed over a vowel of syllabic indicate length or tone**

PRONUNCIATION GUIDE

VOWELS

A like 'a' in "Father"

E like 'e' in "Prey"

Ɛ like 'e' in "Met"

I like 'i' in "Police"

O like 'o' in "So"

Ɔ like 'ough' in "Bought"

U like 'u' in "Clue"

LONG VOWELS

- AA
- EE
- ƐƐ
- II
- OO
- ƆƆ
- UU

NASAL VOWELS

- AN
- EN
- ƐN
- IN
- ON
- ƆN
- UN

ORDINAL NUMBERS

1. Fòlò - First
2. Filanan - Second
3. Sabanan - Third
4. Naaninan - Fourth
5. Duurunan - Fifth
6. Wɔɔrɔnan - Sixth
7. Wolonwulanan - Seventh
8. Seginnan - Eight
9. Kɔnòntònnan - Ninth
10. Tannan - Tenth

KALANSO

CLASSROOM

1. Biki - Pen
2. Saki - Bag
3. Lakɛrɛ - Chalk
4. Tabulo - Chalk board
5. Gafe/ Liburu/Kaye - Book
6. Kiriyɔn - Pencil

NUMBERS

1	Kelen- One		25	Mugan ni duuru Twenty-five
2	Fila- Two		26	Mugan ni wɔɔrɔ Twenty-six
3	Fila- Three		27	Mugan ni wolonfila Twenty-seven
4	Naani- Four		28	Mugan ni segin Twenty-eight
5	Duuru- Five		29	Mugan ni kɔnɔntɔn Twenty-nine
6	Wɔɔrɔ-Six		30	Bi saba - Thirty
7	Wolonfila-Seven		31	Bi naani- Forty
8	Segin-Eight		32	Bi duuru - Fifty
9	Kɔnɔntɔn-Nine		33	Bi wɔɔrɔ - Sixty
10	Tan- Ten		34	Bi wolonfila- Seventy
11	Tan ni kelen -Eleven		35	Bi segin-Eighty
12	Tan ni kelen -Twelve		36	Bi kɔnɔntɔn-Ninety
13	Tan ni saba - Thirteen		37	Kɛmɛ- One hundred
14	Tan ni naani- Forteen		38	Kɛmɛ ni bi saba One hundred thirty
15	Tan ni duuru- Fifteen		39	Kɛmɛ ni bi duuru One hundred fifty
16	Tan ni wɔɔrɔ-Sixteen		40	Kɛmɛ fila -Two hundred
17	Tan ni wolonfila Seventeen		41	Kɛmɛ saba Three hundred
18	Tan ni segin Eighteen		42	Kɛmɛ naani Four hundred
19	Tan ni segin Nineteen		43	Kɛmɛ duuru Five hundred
20	Tan ni segin Twenty		44	Kɛmɛ wɔɔrɔ Six hundred
21	Mugan ni kelen Twenty-one		45	Wa kelen One thousand
22	Mugan ni fila Twenty-two		46	Wa kelen ni kɛmɛ fila ni bi duuru One thousand-two hundred and fifty
23	Mugan ni saba Twenty-three		47	Ba 1000
24	Mugan ni naani Twenty-four		48	Kɛmɛ ni bi duuru One hundred fifty

3

TRANSPORTATION

Kamiyɔn
Truck/Lorry

Nɛgɛso- **Bicyle**

Saki-Bag

Elikɔpitɛri
Helicopter

Awlyɔn/Pankurun
Plane

Mɔbili- Car

Sisikurun/Kurun-Train

Moto
Motorcycle

Kaare- Bus

Bato/Kúrun ba
Boat

Biye- Ticket

MEAL TIME

Daraka
Breakfast

Tilelafana
Lunch

Surɔfana
Diner

BON/SÓ - HOUSE

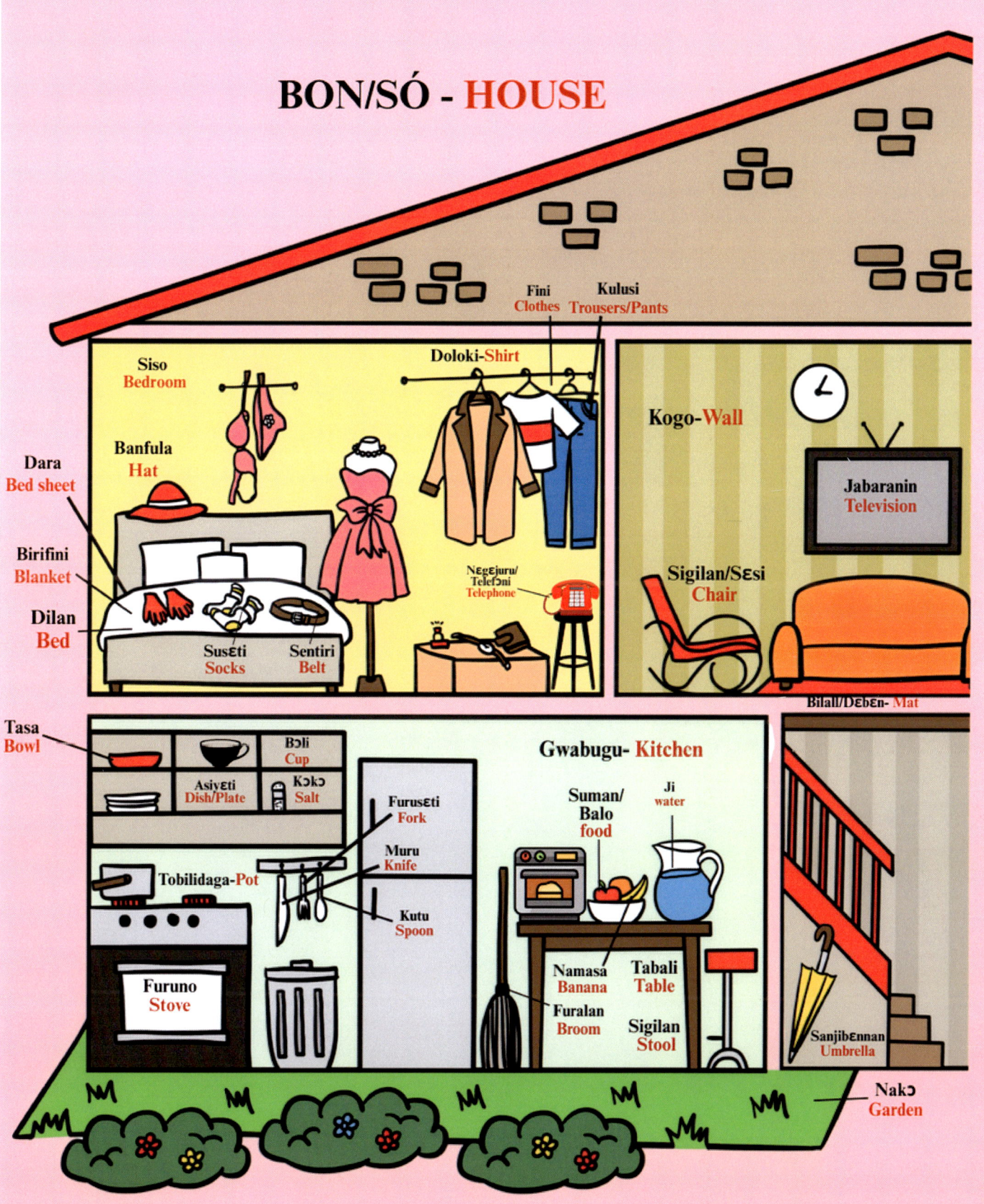

Fini - Clothes
Kulusi - Trousers/Pants
Doloki - Shirt

Siso - Bedroom
Banfula - Hat
Dara - Bed sheet
Birifini - Blanket
Dilan - Bed
Susɛti - Socks
Sentiri - Belt
Nɛgɛjuru/Telefɔni - Telephone

Kogo - Wall
Jabaranin - Television
Sigilan/Sɛsi - Chair
Bilall/Dɛbɛn - Mat

Tasa - Bowl
Bɔli - Cup
Asiyɛti - Dish/Plate
Kɔkɔ - Salt
Furusɛti - Fork
Muru - Knife
Kutu - Spoon
Tobilidaga - Pot
Furuno - Stove

Gwabugu - Kitchen
Suman/Balo - food
Ji - water
Namasa - Banana
Furalan - Broom
Tabali - Table
Sigilan - Stool

Sanjibɛnnan - Umbrella
Nakɔ - Garden

SÈNÈ- FARMING

Bulu
Leaf

Buguri
Dust

Shè/Sɛsɛ
Chicken

Donon
Rooster

Sisi
Smoke

Jiri
Tree

Kaba/Manyò
Corn

Sɔgɔlan
Padlock

Segi
Basket

Kulokulo
Turkey

Lɛ
Pig

Búruyɛti/Wotoro
Wheelbarrow

Juru
Rope

Palan
Bucket

Siyɛnnikɛlan
Hoe

Yiri
Wood

Kabakuru
Stone/Rock

Sizo
Scissor

Bere
Stick

Jele /Sɛmɛ
Axe

Bese
Machete

Kami
Guinea Fowl

POSITIONS

Sigi - Sit

Nunuma
Crawl

Yaala
Walk

Boll/ Bɔli - Run

Biri
Bend over

Pan
Jump

Nɔngiri - Kneel

Jɔ - Stand

Da - Lay down

Sonsoro
Squat

ANIMALS

Ndire - **Bat**

Bubunin
Monkey

Gaala - **Oyster**

Ntori - **Frog**

Bɔn/Samatasɛgɛ
Eagle

Jɛgɛ - **Fish**

Nɔgɔmɛ - **Camel**

Ɲinɛ - **Rat**

Tubani/Jɛnɛntuban
Dove

Ɲɛbɛrɛ
Cockroach

Butèni - **Scorpion**

Dikisɛ - **Bee**

Kungowulu
Fox

Basa - Lizard

Bama - Crocodile

Koorokaara Tortoise

Suruku - Hyena

Dimɔgɔ Housefly

Màli - Hippototamus

Jara - Lion

Kɔnɔsogonin Ostrich

Sama- Elephant

Ngɔn - Baboon

Saga - Sheep

Duga- Vulture

Dugumɛne - Ant

Jakuma- Cat

Kɔnòni/Kɔnɔ
Bird

Wùlú - Dog

Sa - Snake

Fali- Donkey

Lɛn- Tse Tse fly

Tɔnkɔnɔ - Duck

Nfirinfirinin
Butterfly

Jugunin
Hedgehog

Sonsan
Rabbit

Bala - Porcupine

Misi - Cow

Bubaga - Termite

Bà/Bamuso
Goat

Sò - Horse

FARI - BODY

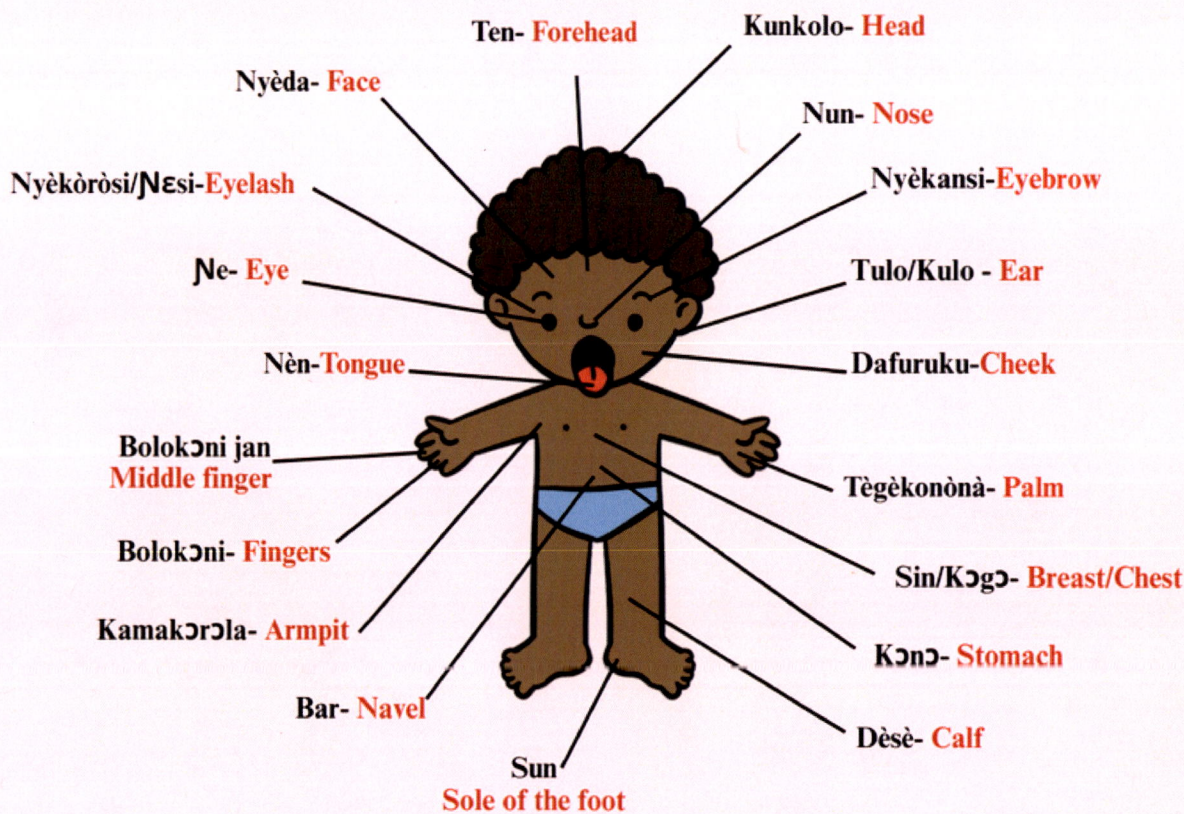

Ten- Forehead

Kunkolo- Head

Nyèda- Face

Nun- Nose

Nyèkòròsi/Ɲɛsi-Eyelash

Nyèkansi-Eyebrow

Ɲe- Eye

Tulo/Kulo - Ear

Nèn-Tongue

Dafuruku-Cheek

Bolokɔni jan
Middle finger

Tègèkonònà- Palm

Bolokɔni- Fingers

Sin/Kɔgɔ- Breast/Chest

Kamakɔrɔla- Armpit

Kɔnɔ- Stomach

Bar- Navel

Dèsè- Calf

Sun
Sole of the foot

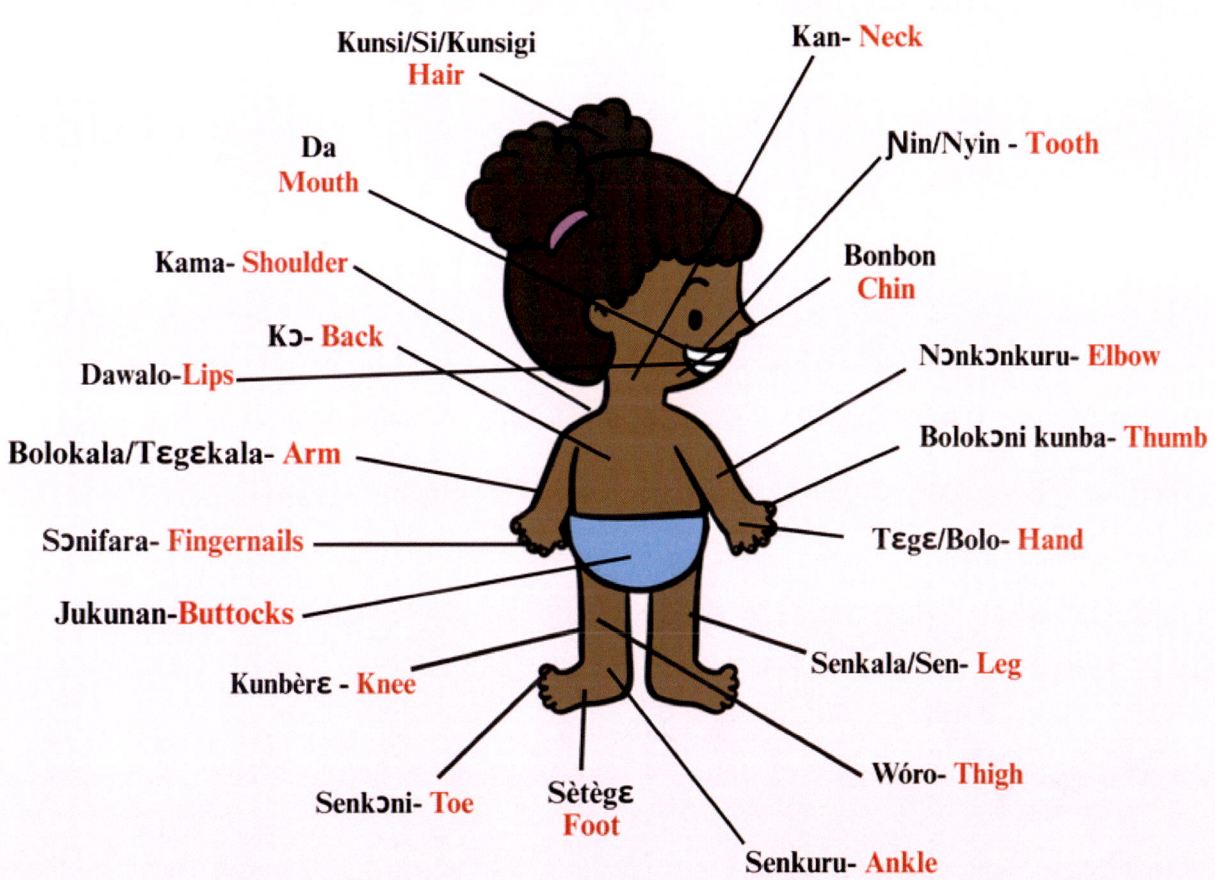

Kunsi/Si/Kunsigi Hair

Kan- Neck

Da Mouth

Ɲin/Nyin - Tooth

Kama- Shoulder

Bonbon Chin

Kɔ- Back

Nɔnkɔnkuru- Elbow

Dawalo-Lips

Bolokɔni kunba- Thumb

Bolokala/Tɛgɛkala- Arm

Tɛgɛ/Bolo- Hand

Sɔnifara- Fingernails

Jukunan-Buttocks

Senkala/Sen- Leg

Kunbèrɛ - Knee

Wóro- Thigh

Senkɔni- Toe

Sètègɛ Foot

Senkuru- Ankle

MÒGÒ- PEOPLE

Musow
Woman

Cɛ - Man

Musomanin
Girl

Nabara
Handicap/Paralysed person

Kámalen
Boy

Cɛw - Men

Belebele
Fat/Big

Jàn - Tall

Fitinin/Surun
Small/Short

Fiyentɔ
Blind person

Musokɔrɔba
Old woman

Kɔɲɔmuso
Bride

Kɔɲɔcɛ
Groom

Muso
Woman or wife

Fàrafi n
A person of
African descent

Masaden
Prince

Fàrajɛ/Tùbàbú
A caucasian person

**Kɔladen/
Dén yɛrɛ nin**
Baby

**Sungurun/
Musomisɛn**
Young woman

Masakɛi
King

Masamuso
Queen

FAN/KUNTILENNA- DIRECTIONS

Núman/Numanbolo
To the left

Kínin/Kinibolo
To the right

Kɔ́ fɛ̀ - Behind

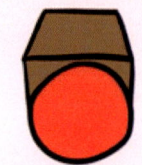

Kɛ̀rɛ fɛ̀ - Next to

Sanfɛ- Above/On

Kɔ́nɔ- In

Céman cɛ́- In the center

Júkɔrɔ- Under

Ɲini	Watch for the
Ɲɛ́ fɛ̀	Before
cɛ́, cɛ́ma	Between
Sán fɛ̀/Kàn	On
Ɲɛ	Before the
Kɛ́nɛma	Outside
Ɲɛ fɛ	Straight ahead
Fan fɛ	Towards the
Kɔ fɛ	Past the

COMPASS

Saheli/Kokodugu fɛ
North (Sahel / salt land way)

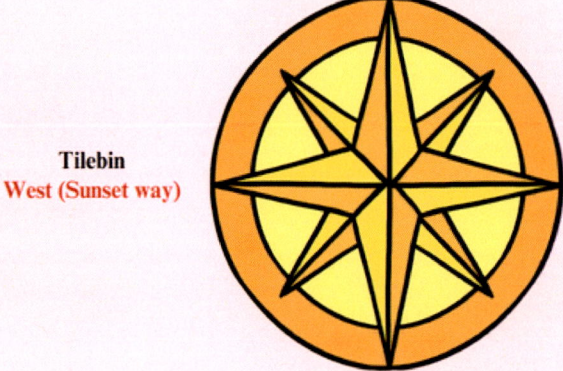

Tilebin
West (Sunset way)

Kɔrɔn/Seli fɛ
East (Prayer way)

Kanyaga/Banbuga/Worodugu
South (Lola land way)

FOODS

Wòro- **Kolanut**

Nbuuru
Bread

Pɔmu
Apple

Kɔnkɔn
Cucumber

Siyɔ
Beans

Tomati
Tomato

Lenburuba- **Orange**

Kafe- **Coffee**

Salati
Lettuce

Rezɛn
Grapes

Tubabunkɔyɔ/
Obɛrizini
Aubergine

Buasan
Soda

Mángorow - **Mango**

Nsɛrɛ- **Watermelon**

Lenburukumun
Lemon

Sɔmɔ
Cashew

Buyaki
Guava

Jàba - Onion

Mishisogo
Beef

Sukaro
Sugar

Lesogo
Ham

Kɔmitɛrɛ
Potato

Shɛfan/Kili
Eggs

Namaku- Ginger

Namasa
Banana

Tiga
Peanuts/
Groundnuts

Timikala
Sugarcane

Baranda/Loko
Plantain

Manje
Papaya

Nɔnɔ - Milk

Fromagi
Cheese

Kɛlɛkɛlɛ/Fòrònto/Pɔnpɔrɔn
Pepper/ Chilli pepper

Malo
(uncooked)/Kini
Rice (cooked)

Jabibi
Pineapple

NISƆN- **EMOTION/MOOD**

Siran/Nɛsiranya- **Fear**

Nisɔndiya - **Joy**

Kanuya - **Love**

Kele - **Jealous**

Koniya - **Hate/Envy**

Daamu - **Happiness**

Diminya - **Anger**

Nɛnasisi - **Sad**

Yɛlɛkan - **Laughter**

Sɛgɛn - **Tired**

BAARA - WORK

Dɔnso
Hunter

Kalanden
Student

Jadilanna
Artist

Mɛtiri
Teacher

Numu
Blacksmith

Dɔ̀kɔtɔrɔ
Doctor

Lakɔlikuntigi
Headteacher

Umukanishi
Machanic

Kíritigɛla/Sàriyatigɛla
Judge

Mɔnikɛla
Fisherman

Zandarama
Police officer

Tóbili kɛla
Chef

Kálali kɛla
Tailor

Dɔ̀nkili dala
Singer

Nakɔbaarala/Nákɔ tigi
Gardener

Bagangɛnna/Sagagɛnna
Shepherd

Sɔrɔdasi
Soldier

Kunsigitigɛla
Barber

Waye
Butcher

Garankè - Shoemaker

Jíri dɛsɛla - Sculptor

Pankurunbolila
Pilot

Móbili boli la/Sofɛrɛ
Driver

Sojɔla
Builder

Jagokɛla
Trader

Jatala
Photographer

Furafeerela
Pharmacist

Làkali ta ɲinina
Journalist

Kurunbolila
Sailor

Jàgo kɛla
Merchant

Cikèla/Sɛnɛ kɛla
Farmer

Sɛbɛnbaa
Writer

COLOURS

Fin/Finman - **Black**

Buguringɛ- **Grey**

sikoloman **Brown**

Binkɛnɛman- **Green**

Sánu - **Gold**

siramuguman **Orange**

Emerode- **Emerald**

Warijɛ- **Silver**

Jɛ́/Jɛman - **White**

Wòlò/Nɛ̀rɛ/Nɛrɛmuguman **Yellow**

Bilen/bilenman - **Red**

Bulaman/Búla- **Blue**

WEATHER

Nɛ́nɛ́ bɛ́
It is cold

Dìbi bɛ́
It is dark

Jà bɛ́
It is drought

Fíɲɛ bɛ́
It is windy

Hɛ́rɛ́ tɛ́
It is not peace

Tìle bɛ́
It is sunny

Fúnteni tɛ́
It is not hot

Sánji bɛ́
It is rainy

Gɛ̀lɛnya bɛ́
There are problems

Búgun bɛ́
It is foggy

Dìbi tɛ́
It is not dark

VERBS

1. To do business- **Jàgo kɛ́**
2. To work-**Báara kɛ́**
3. To farm-**Sɛ̀nɛ kɛ́**
4. To run-**Bòli**
5. To cook-**Tóbi**
6. To tell-**Làkali**
7. To axe-**Dɛ́sɛ**
8. To attack-**Kíri**
9. To cry/weep-**Kàsi**
10. To put-**Dá**
11. To look for-**Ɲini**

BUILDINGS

Dɔgɔtɔrɔso- Hospital

Egilizi- Church

Lotɛli- Hotel

Lɛkɔli- School

Posu- Post office

Kàlansoba
University

Abiyon jigin kɛnɛ
Airport

Sugu- Market

Bibiliotεki
Library

Biro- Office

Oto gari
Bus station

Misiri/Soso -Mosque

Butiki- Shop

Kasobon - Prison/Jail

Furafeereyɔrɔ
Pharmacy

TIME OF DAY

Fajiri waati
Sunrise

Tilesekuncɛ
Midday

Fitiri waati/Tilebin
Sunset

Safo waati
Nightfall

Ka su hɛɛrɛ
Good night (to sleep)

Wula	Afternoon
Tilé	Noon
Su	Evening/Night
Sɔgòma	Morning
Fitiri	Dusk/Twilight

Dugutila
Midnight

ATMOSPHERE

Tile - Sun

San- Sky

Kaba/Kabanɔgɔ
Cloud

29

Dolo- Star

Kalo - Moon

Tile nɔfɛdolo
Planet

Tilema
Dry/Hot season

Samiyè
Rainy season

Nɛzi- Snow

Sanji- Rain

Fonènè
Cold season

Sanpɛrɛn
Lightening

Jiwalankata
Flood

Sanpɛrɛnkan
Thunder

Earthquake

ADÉNBAYA/SOMƆGƆW
FAMILY/RELATIVES

Fà
Father

Bá
Mother

Bangebaw
Parents

Balimamuso
Sister

Den- Child

Benkɛ- Uncle

N ka denbaya- My family

Balimake
Brother

Tɛnɛmuso
Aunt

Kɔ̀rɔ muso
Older sister

Kɔrɔcɛ/Kɔ̀rɔ kɛ
Elder brother/Older brother

Kɔrɔmuso
Elder sister

Balima- Sibling

Dɔgɔmuso
Younger sister

Denw- Children

Dɔgɔcɛ/Dɔ́gɔ kɛ
Younger brother

Mɔmuso
Grandmother

Mɔden
Grand child

Mɔkɛ - Grand father

Nìmɔgɔ kɛ
Brother in law

Nìmɔgɔ muso- Sister in law

CONJUCTIONS

Bawo	Because
Nin	This
Ninw/Ninnu	These
O	That
Olu	Those
Ɔwɔ	Yes
ayi	No
Di?	How

Doron	**Only**
Ayiwa	**Okay**
Sabali	**Patient!/Calm down!**
O de la	**Therefore**
Nin	**This**
Mun y'a to/Munna	**Why**
Mùn	**What**
Minni/Min	**Where**
Yɛlɛ	**Open**
Ɲininkali	**Question**
Ɲininkali kɛ	**Ask**
Cɔ̀gɔ̀ di?	**How?**
Jumèn	**Which**
Jɔn	**Who**
O bɛɛ n'a ta	**However/Nevertheless**
Tuguni/Bilen	**Again**

Na yan!	Come here
Abada	Never
laminɛ	Answer
Lajɔ	Stop
Taa	Go
Sisan	Now
Tilance	Half
Caman	A lot
Do/Doonin	A few
Sisan Sisan	Right this instant
Kofe	Later
Sɔɔni	Soon
Ɲyɛ	Before

FOLIKAN/FO- GREETINGS

Í ní cɛ́- Hello

I ni sɔgɔma (Sing)/Aw ni sɔgɔma (Pl)
Good morning!

I ni sɔgɔma (Sing)/
Aw ni sɔgɔma (Pl)
Good afternoon!

I ni wula/-aw ni wula
Good Evening!

Í bɛ́ dí ?
How are you doing?

Í ní cɛ́
Thank you!

basi tɛ
You're welcome!(literally 'no problem')

K'an bèn
Good bye

kɛnɛ, tɔɔrɔ te, ko tɛ, tana tɛ
Fine, thank you

Saha!
Thanks!
(a reply to bisimila)

K'an bɛn kɔfɛ
See you later

Aw bisimila! / I bisimila!
Welcome! / Welcome! (Pl)

i ni ce
Hello
(any time of day)

Aw ni su/I ni su
Good night!

K'an bɛn sɔɔni
See you soon

35

K'an bɛn sini	Good bye until tomorrow
n taara	Goodbye (informal)
Kà án sí!	Good night
Kà án tìlen!	Have a nice day
Kà ánw bὲn sɔ́ɔni!	See you soon
Aw ka kɛnɛ (wa)?	How are you? (Are you well?) (to more than one person)
(aw ye) hakɛ to!	Excuse me. (getting attention / begging pardon)
K'an b'u fo!	Good-bye! (Lit we greet them)
U n'a mɛn	They will hear your greetings
Ka tile hɛrɛ caya	Have a good day
Ka su hɛrɛ caya	Have a good night
Ka dugu ɲuman jɛ/ K'an kelen kelen wuli	May we have a good night
K'an bɛn sɔgɔma	See you in the morning
K'an bɛn wulafɛ	See you in the afternoon
K'an bɛn tilefɛ	See you around noon
K'an bɛn sufɛ	See you in the evening
K'an bɛn sinin	See you tomorrow
Nba, i ni sɔgɔma	Good morning (males reply)
Nse, i ni sɔgɔma	Good morning (females reply)

KALANDIRIYE - CALENDAR

Zanwuye kalo
January

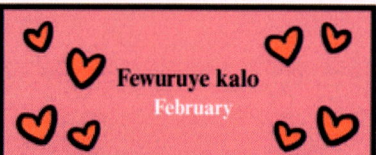
Fewuruye kalo
February

Marisi kalo
March

Awirili kalo
April

Mè kalo
May

Zuèn kalo
June

Zuluye kalo
July

Uti kalo
August

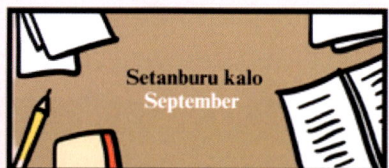
Setanburu kalo
September

Òktoburu kalo
October

Nowanburu kalo
November

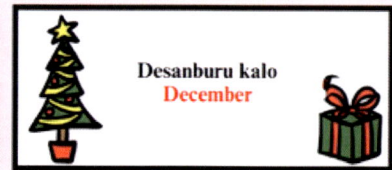
Desanburu kalo
December

DƆGƆKUN - WEEK

Tɛnɛn
Monday

Tarata
Tuesday

Araba
Wednesday

Alamisa
Thursday

Juma
Friday

Sibiri
Saturday

Kari
Sunday

SANGA - TIME/MOMENT

Dɔgɔkun	Week
Kalo	Month
San	Year
Dɔgɔkun o dɔgɔkun	Every week
Kalo o kalo	Every month
San o san	Every year
Don go don	Every day
Sɔgɔma o sɔgɔma	Every morning
Wula o wula	Every afternoon
Su o su	Every night
Tɛnɛn o tɛnɛn	Every Monday
Juma o juma	Every Friday
Sɔgɔma	The morning
Sɔgɔma/Sɔgɔmadafɛ	In the morning
Tile	Noon
Tilefɛ	At noon
Wula	The afternoon
Wulafɛ	In the afternoon
Su	The night

Sufɛ	At night
Bi	Today
Salon	Last year
Nyinan	This year
Kunun	Yesterday
Don	Day
Sini	Tommorow
Lèrè	Hour/Time
Nɛgɛ kanɲɛ	Hour
Midi	Noon
Tuma/Waati/Siɲɛ	Time
Kuna sini	The day before yesterday
Sinin kene	The day after tomorrow
Dogukun nin na	This week
Dogukun temena	Last week
Dogukun nata / wɛrɛ	Next week
Minuti	Minute

PRONOUNS

Aw	You (Plural)
I/E	You (Singular)
U/Olu	They/They
A	Your
Ne	Me/I
Ale/A	He/she/It/Her/Him
An/Anw	We/Us/Our
Ari	And

SENTENCES

1. Dɔgɔcɛ tɛ n fɛ -I don't have a younger brother
2. Kɔrɔmuso bɛ- Suzan fɛ Suzan has an elder sister
3. Kɔrɔcɛ t'a fɛ -She doesn't have an elder brother
4. Mark ye san mugan ni duuru ye-Mark is twenty-five years old
5. N ye san bi saba ye -I am thirty years old
6. I ye san joli ye?- How old are you?
7. Mark sigilen bɛ Gao -Mark is living in Gao
8. A sigilen tɛ New York He is not living in New York
9. Dɔgɔmuso fila bɛ n fɛ -I have two younger sisters
10. N tɛ kafe fɛ- I don't like coffee

11. Jennifer bɛ Bamanankan fɛ- Jennifer likes Bambara

12. N bɛ kalankɛ -I study

13. N bɛ dumunikɛ -I eat

14. N bɛ baarakɛ- I work

15. A tɛ kalankɛ -He doesn't study

16. A tɛ dumunikɛ- He doesn't eat A tɛ baarakɛ- He doesn't work

17. N bɛ n ko -I bathe

18. N tɛ n ko sisan- I don't bathe now

19. N b'a fɛ ka n lafiɲɛ -I want to rest

20. N sɛgɛnnen don -I am tired

21. Sunɔgɔ bɛ n na -I am sleepy

22. Kɔngɔ bɛ n na -I am hungry

23. Kɔngɔ tɛ n na -I am not hungry

24. Minɔgɔ bɛ n na -I am thirsty

25. Minɔgɔ tɛ n na -I am not thirsty

26. Funteni bɛ -It's hot

27. Funteni tɛ -It's not hot

28. Nɛnɛ bɛ- It's cold

29. Nɛnɛ tɛ- It's not cold

30. A tɛ dumunikɛ- He doesn't eat

31. Hakɛto -Excuse me

32. Hakɛ t'i la -You are excused

33. I bɛ taa min? -Where are you going?

34. N bɛ taa so- I am going home

35. N bɛ taa lakɔli la- I am going to school

36. Mark bɛ taa biro la -Mark is going to the office

37. A bɛ taa ɲɛgɛn na -He/she is going to the toilet

38. N tɛ taa biro la -I don't go to the office

39. I bɛ Bamanakan fɔ? -Do you speak Bambara?

40. ɔwɔ, n bɛ Bamanankan fɔ dɔɔni -Yes, I speak Bambara a little bit

41. Mark tɛ Bamanankoan fɔ -Mark doesn't speak Bambara

42. N tɛ tubabukan fɛ- I don't like French

43. Né tagara! - I am going

44. Ń bɛ́ à fɛ̀ kà táa - I want to go

45. Amadu nìn Fatu yé dénw yé - Amatu and Fatu are children

46. Ò yé mùn yé? - What is this?

47. Ń bɛ́ bámanan d kan fɔ́ dɔ́ɔnin dɔ́rɔn ! - I understand Bambara a little bit

48. Í bɛ́ sé kà kúma dɔ́ɔnin-dɔ́ɔnin wà ? - Can you please speak more slowly

49. Nìn yé nɛ̀gɛ.so yé! - This is a bicycle

50. Madu yé nùmu yé - Madu is a Blacksmith

51. À yé mùso yé - She is a woman

52. Ù mùmɛ yé cɛ̀ninw yé - They are all boys

53. Nìn tɔ́gɔ yé dì bámanan.kan ná? - How do you say this in Bambara?

54. Ń bɛ́ bamanankan fɔ́ dɔ́ɔnin dɔ́rɔn - I speak a little Bambara

55. N tɔgɔ Bubakar -My name is Bubakar

56. N jamu Jalo- My last name is Jalo

57. I tɔgɔ?- What's your name?

58. I jamu? -What's your last name?

59. N bɛ bɔ Mali la- I am from Mali

60. N muso bɛ bɔ Mauritanie- My wife is from Mauritania

61. I bɛ bɔ min?- Where are you from?

62. I muso bɛ bɔ min? -Where is your wife from?

63. A bɛ bɔ min?- Where is she or he from?

64. A tɔgɔ Mark -His name is Mark

65. A jamu Humphrey- His last name is Humphrey

66. Mark tɛ bɔ Mali la, a bɛ bɔ Ameriki -Mark is not from Mali. He is from America

67. I bɛ bɔ Ameriki wa?- Are you from the America?

68. Ayi, n tɛ bɔ Ameriki- No, I am not from the States.

69. I bɛ bɔ Mali la wa?- Are you from Mali?

70. ɔwɔ, n bɛ bɔ Mali la -Yes, I am from Mali

71. N ye karamɔgɔ ye -I am a teacher

72. N muso tɛ karamɔgɔ ye- My wife is not a teacher

73. Mark ye wolɔntɛri ye- Mark is a volunteer

74. A muso tɛ wolɔntɛri ye- His wife is not a volunteer

75. Mark muso ye kalanden ye -Mark's wife is a student

76. Jiriw bɛ́ fòro lá - The trees are on the field

77. Móbili tɛ́ dùgu lá - There is no car in the village

78. Dén bɛ́ mùso.kɔ lá - The woman carries the child on her back

79. Dén bɛ́ mùso.kɔ lá - The school boys are not in the school

80. Dùloki tɛ́ dén.misɛn ninw lá - The children do not wear African cloths

81. Kùlusi bɛ́ cɛ̀ lá - The man wears a pair of trousers

82. Ń túlo bɛ́ í lá - I hear you

83. Ń hákili bɛ́ í lá- I remember you

84. À sɔ́ n bɛ́ à lá - Its his character

85. Ń ŋɛ́ bɛ́ í lá - I see you

86. Í cɛ̀ ká ɲì - You are very beautiful

87. Ń bɛ́ í fɛ́ - I love you

88. Mìnnɔ̀ gɔ̀ bɛ́ ń ná - I am thirsty

89. Fànga ba bɛ́ ń téri ke lá - My friend is strong

90. Wári tɛ́ ń fɛ̀ - I dont have money

91. Kúrun bɛ́ né fɛ̀ - I have a boat

92. Ń tɛ́ kíni fɛ̀ - I don't like rice

93. Ù bɛ́ mìsi fɛ̀ - They want a cow

94. N bila sa! - Leave me alone.

95. I kana magan n na! - Don't touch me!

96. N bɛ polisiw wele. - **I'll call the police.**

97. A yi zon (or son) mine) - **Stop! Thief!**

98. N mago bɛ i ka deme na. - **I need your help.**

99. Koo teliman do. - **It's an emergency.**

100. N tununen don. - **I'm lost.**

101. N ka saki tununa. - **I lost my bag.**

102. N ka wari tununa. - **I lost my wallet.**

103. Bana bɛ na. - **I'm sick.**

104. N joki na - **I've been injured.**

105. N mago bɛ dogotoro la. - **I need a doctor.**

106. N bɛ se ka weleli kɛ ni i ka telephone ye wa? - **Can I use your phone?**

107. I tɔgɔ? - **What is your first name?**

108. I jamu? - **What is your last name?**

109. A yafa n ma - **I'm sorry.**

110. Ne tɛ se bamanankan na kosɛbɛ, nka ne b'a men dɔɔnin dɔɔnin. - **I don't speak Bambara very well, but I understand a little**

111. I bɛ angilekan men wa? - **Do you speak English?**

112. N deme! - **Help!**

113. I farati! - **Look out!**

114. N m'a faamu - **I don't understand.**

115. Ɲɛgɛn bɛ min? - **Where is the toilet?**

DIALOGUE

A- Í tɔ́ gɔ yé dì? - **What is your name**

B- Ń tɔ́gɔ yé Kristy (dè yé) - **My name is Kristy**

A- Í jàmu yé dì? - **What is your family name**

B- Ń jàmu yé Thomas (dé yé) - **My family name is thomas**

A- Í bɛ́ bɔ́mín? - **Where do you come from**

B- Ń bɛ́ bɔ́ Fàransi. - **I come from France**

A- I ní sɔ̀gɔma, ń bálimamùso! - **Good morning my sister**

B- Nsè, í ní sɔ̀gɔma, ń bálimakɛ! - **Thank you, good morning my brother**

A- Hɛ́rɛ sìra (wà)? - **Did you sleep well**

B- Hɛ́rɛ dɔ́rɔn! - **Yes i slept well**

A- Sómɔgɔw ká kɛ́nɛ (wà)? - **How is the family doing**

B- Tɔ́ɔrɔ tɛ́ ù lá! - **They are doing fine**

A: I ni sɔgɔma- **Good morning!**

B: Nse, I ni sɔgɔma- **Good morning!**

A: I ka kɛnɛ? - **Are you fine?**

B: Tɔɔrɔ si tɛ- **No problems at all**

A: Somɔgɔw bɛ di? -How is your family?

B: Tɔɔrɔ t'u la- They are fine

A: I bisimila!- Welcome!

B: Saha!- Thanks!

A: I tɔgɔ?- What's your name?

B: N tɔgɔ Mariam. E dun? - My name is Mariam. And you?

A: N tɔgɔ Mamadu- My name is Mamadu

B: Foli don. N bɛ taa so- I was just greeting. I am going home.

A: Ayiwa, k'an b'u fo- Ok! Good-bye! (we greet them)

B: U n'a mɛn- They will hear your greetings

A: Ka tile hɛrɛ caya -May we have a good day

B: Amiina- Amen

A-Hɛrɛ dɔrɔn- Peace only

B-Bob ka kɛnɛ?- Is Bob fine?

A-Tɔɔrɔ t'a la He is fine Jennifer ni Mark ka kɛnɛ? Are Jennifer and Mark fine?

B-Tɔɔrɔ t'u la They are fine

A- I bɛ di? How are you?

B-Somɔgɔw bɛ di? - How is your family?

A-I ka kɛnɛ?- Are you fine?

B-Tɔɔro tɛ - No problems/trouble

A-Tɔɔro si tɛ- No problems at all

B- I fa ka kɛnɛ?- Is your father fine?

A-Tɔɔrɔ t'a la - He is fine I ba ka kɛnɛ? Is your mother fine?

B-Tɔɔrɔ t'a la- She is fine

A-I denw ka kɛnɛ?- Are your children fine?

B-Tɔɔrɔ t'u la- They are fine

A-Somɔgɔw ka kɛnɛ? - Is your family fine?

B- Tɔɔrɔ t'u la - They are fine

A-Hɛrɛ sira?- Was the night peaceful?/Hɛrɛ tilenna? Was the day peaceful?

B-Hɛrɛ dɔrɔn -Peace only

PRONUNCATIONS-SOUNDS LIKE

1. A-Ah-ha
2. B-Book
3. C-Chair
4. D-Door
5. E- Day
6. Ɛ- Met
7. F- Foot
8. G- Game
9. Ŋ Sing
10. H- Hair

11. **I-Tea**
12. **J- Jail**
13. **K-Kit**
14. **L- Lock**
15. **M- Meat**
16. **N- Net**
17. **Ɲ- Onion**
18. **O- Soda**
19. **Ɔ- Long**
20. **P-Put**
21. **R- River**
22. **S- See**
23. **SH- Shame**
24. **T-Termite**
25. **U- Shoe**
26. **W- War**
27. **Y- Year**
28. **Z- Zebra**

www.ingramcontent.com/pod-product-compliance
Lightning Source LLC
Chambersburg PA
CBRC090828120626
46547CB00008B/629